Nicolas Conver
Zilda Hutchinson Schild Silva
Ilustração das cartas — Lo Scarabeo

O Antigo Tarô de Marselha

Editora
Pensamento
SÃO PAULO

Copyright © 2000 Lo Scarabeo.

Copyright © 2006 Editora Pensamento-Cultrix Ltda.

1ª edição 2006.

5ª reimpressão 2017.

Todos os direitos reservados. Nenhuma parte deste livro pode ser reproduzida ou usada de qualquer forma ou por qualquer meio, eletrônico ou mecânico, inclusive fotocópias, gravações ou sistema de armazenamento em banco de dados, sem permissão por escrito, exceto nos casos de trechos curtos citados em resenhas críticas ou artigos de revistas.

Dados Internacionais de Catalogação na Publicação (CIP)
(Câmara Brasileira do Livro, SP, Brasil)

Conver, Nicolas
O antigo tarô de Marselha / Nicolas Conver, Zilda
    Hutchinson Schild Silva ; cartas Lo Scarabeo. -- São
    Paulo : Pensamento, 2006.

    Título original: Ancient Tarot of Marseilles
    ISBN 978-85-315-1454-8

1. Destino 2. Ocultismo 3. Sorte - Leitura 4. Tarô I. Silva,
Zilda Hutchinson Schild II. Scarabeo, Lo. III. Título.

06-4382   CDD-133.32424

Índices para catálogo sistemático:
1. Tarô de Marselha : Artes adivinhatórias 133.32424

Direitos de publicação para a língua portuguesa adquiridos com exclusividade pela EDITORA PENSAMENTO-CULTRIX LTDA.
Rua Dr. Mário Vicente, 368 – 04270-000 – São Paulo, SP
Fone: (11) 2066-9000 – Fax: (11) 2066-9008
E-mail: atendimento@editorapensamento.com.br
http://www.editorapensamento.com.br
Foi feito o depósito legal.
Impressão e Acabamento: Vallilo Gráfica e Editora
graficavallilo.com.br | 11 3208-5284

Sumário

Dedicatória   6

Introdução   7

1. O que é o Tarô?   9
2. O Tarô de Marselha   10
3. A Interpretação esotérica do Tarô   10
4. A interpretação das cartas   12
5. Os esquemas de disposição de cartas   13
    Disposição com três cartas   13
    Disposição com quatro cartas   14
    Disposição com cinco cartas   15
    Disposição com sete cartas   16
    Disposição com dez cartas   17
    O Círculo do Destino   18
6. Como interpretar os Arcanos Maiores   19
7. Como interpretar os Arcanos Menores   42

Dedico este singelo livro às minhas netas queridas, continuação da minha existência:

Beatriz,

Bianca

e Bruna

Introdução

Desde os primórdios da humanidade o ser humano quer conhecer o que o futuro lhe reserva. O público em geral quer saber o que são as cartas do Tarô e no que elas se distinguem das cartas comuns, se qualquer pessoa pode interpretá-las, se elas realmente predizem o futuro.

De fato, o Tarô é muito conhecido como sistema de adivinhação, mas ele é muito mais do que isso. Os 22 Arcanos Maiores apresentam uma série de arquétipos que permitem ao intérprete mergulhar no inconsciente e, como eles representam as etapas de desenvolvimento de toda uma vida, é possível usá-los para uma auto-análise.

Acontece com o Tarô o mesmo que acontece com os sonhos. Nestes os símbolos são tão carregados de significados e ao mesmo tempo tão intensos e incompreensíveis que nenhuma interpretação posterior lhes faz justiça. Os melhores jogos de Tarô se parecem com esses sonhos intensos, sua mensagem nos abala muito e transforma a nossa consciência. Qual é o sentido do jogo do Tarô? Tudo depende do que se pode fazer com ele. Para nós o Tarô é real, pois sabemos que as ações dependem da compreensão de cada pessoa. Então ele vale por despertar a nossa consciência no momento do jogo e por mudar a nossa percepção dos fatos. Também podemos descobrir algo novo que nos permite dar uma nova orientação à nossa vida.

1. O que é o Tarô?

Em primeiro lugar, devemos deixar claro o que é o Tarô. Numa época muito antiga, por volta do século XV, foram encontradas as primeiras provas da existência dos baralhos mais antigos. Até o final do século XVIII o Tarô foi um jogo de cartas muito usado em todas as classes sociais da Europa e só depois veio a ser considerado um instrumento de cartomancia. O lado espiritual teve um grande significado para as pessoas que se reuniam nas Escolas de mistérios, fraternidades e sociedades secretas. Elas consideravam as cartas como um caminho místico de iniciação. Mas as cartas despertaram muito mais interesse como oráculo para responder às perguntas profanas. Especula-se bastante sobre a origem dos 22 Arcanos Maiores: só temos certeza de que os temas das cartas são muito antigos. Alguns estudiosos dizem que eles refletem o caminho da iniciação mística. Jung os chamou de arquétipos. Importante mesmo é não perder de vista que as imagens que as cartas nos mostram remontam às origens da consciência humana.

Existem muitos jogos de cartas, mas o baralho mais usado nos nossos dias é o composto por 78 cartas que foi chamado de Tarô de Marselha.

2. O Tarô de Marselha

O nome Tarô de Marselha refere-se a uma série de iconografias que identificam um tipo de baralho. Foi com o Tarô de Marselha que os estudiosos esotéricos se depararam ao começar seus estudos, e as imagens foram interpretadas à luz de práticas divinatórias. Foi em Marselha que surgiram e prosperaram os mais importantes fabricantes de cartas. Eles exportaram as cartas para os outros países e o uso dos ícones do Tarô de Marselha tornou-se sinônimo da alta qualidade do baralho.

3. A interpretação esotérica do Tarô

Fazer prognósticos com as cartas é relativamente fácil. Em primeiro lugar, é preciso entender o que é um esquema de tiragem de cartas: o leitor das cartas ou cartomante responde às perguntas do consulente colocando as cartas numa determinada seqüência. Cada posição na seqüência corresponde a uma parte da resposta. A pessoa que lê precisa conhecer o significado dos Arcanos que aparecem em determinada posição. Temos muitos tipos diferentes de esquemas de tiragem de cartas que servem para obter respostas a diferentes tipos de perguntas. Podemos fazer qualquer tipo de pergunta às cartas. Elas podem revelar as conseqüências dos nossos atos quando temos de tomar uma decisão, sem tirar a nossa responsabilidade por eles. Elas mostram o rumo dos acontecimentos, nos dão sugestões se as pedirmos, e servem para fazer uma auto-análise profunda.

Assim como a linguagem do consciente se expressa por palavras, o inconsciente se expressa por imagens. As cartas do Tarô são o alfabeto para a linguagem da nossa alma. Para compreendermos o que as cartas querem dizer basta entendermos a linguagem do inconsciente. As cartas só fazem afirmações subjetivas. Sabe-se os vários significados de cada carta apelando também para a intuição. Uma coisa a levar em consideração é que o jogo do Tarô é tão digno de confiança como o conselho de um velho sábio. Na verdade, as cartas indicam as experiências pelas quais teremos de passar. Agora, cada pessoa passa pelas experiências e acontecimentos à sua própria maneira: afinal, dispomos de livre-arbítrio.

4. A interpretação das cartas

As cartas se expressam por imagens que são a linguagem da alma. Para interpretar as cartas temos de aprender a entender a linguagem da alma.

A nossa alma se expressa por imagens e não podemos substituir aleatoriamente essas imagens por palavras. Palavras se deterioram, as imagens continuam as mesmas. Não é muito difícil entender a linguagem das imagens que deve ser transformada na nossa linguagem diária. No entanto, isso requer prática. Então pratique tirando uma carta diária, outra semanal e uma mensal também, observando como ela se relaciona com os acontecimentos nos vários âmbitos da sua vida.

5. Os esquemas de disposição de cartas

Disposição com três cartas

Este esquema é útil para responder às perguntas do cotidiano e mostra uma visão da situação atual, diz o que fazer e o que pode resultar dessa iniciativa.

A carta 1 mostra a situação atual

A carta 2 mostra que o consulente não está vendo toda a verdade

A carta 3 revela a verdade, mostra a situação como ela é

Disposição com quatro cartas

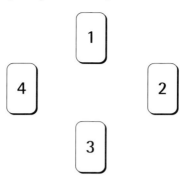

A carta 1 mostra a situação atual

A carta 2 mostra que talvez seja preciso um sacrifício para mudar para melhor

A carta 3 mostra os frutos a serem colhidos

A carta 4 mostra a situação futura se os fatos não mudarem

Disposição com cinco cartas

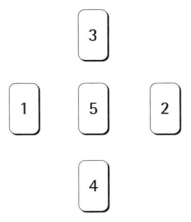

A carta 1 representa a situação atual favorável
A carta 2 representa a situação atual desfavorável
A carta 3 representa o juiz que julgará entre a 1 e a 2
A carta 4 sugere uma solução para o problema
A carta 5 é a síntese, o resultado da consulta

Disposição com 7 cartas

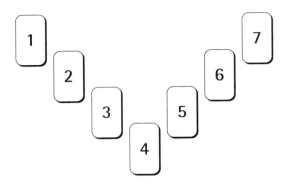

A carta 1 indica o passado

A carta 2 indica o presente

A carta 3 indica o futuro

A carta 4 dá uma resposta

A carta 5 mostra as pessoas na sua vida

A carta 6 indica suas esperanças e temores

A carta 7 dá o resultado da consulta

Disposição com 10 cartas

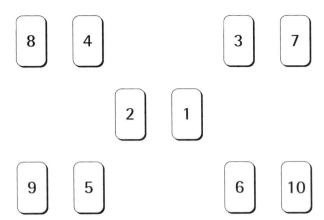

As cartas 2 e 1 mostram a pergunta e o consulente

As cartas 3 e 7 mostram os rumos naturais dos fatos

As cartas 8 e 4 mostram o rumo se houver uma mudança

As cartas 9 e 5 mostram como a sua energia mental está afetando a situação

As cartas 6 e 10 mostram o futuro se as coisas não tomarem outro rumo

O Círculo do Destino

Naturalmente existem outras disposições de cartas, como, por exemplo, a leitura astrológica; 12 cartas devem ser colocadas em círculo, e cada uma se relaciona com um âmbito da vida, como acontece num mapa astrológico. Temos também o **Círculo do Destino** em que usamos **6 cartas** para responder às seguintes perguntas:

Carta 1: Para o que nasci?
Carta 2: Qual é a minha natureza?
Carta 3: O que preciso aprender?
Carta 4: Que cruz devo carregar?
Carta 5: Quais são os meus pontos fortes?
Carta 6: Qual é o meu maior potencial?

Este jogo só deve ser feito de vez em quando, pois ele se concentra na sua programação para esta encarnação, ou seja, nas tarefas que você terá de executar nesta vida.

6. Como interpretar os Arcanos Maiores

I – O MAGO – FORÇA DE VONTADE

Posição normal: habilidade, espírito de iniciativa, diplomacia, ausência de preconceitos.

Posição invertida: falta de escrúpulos, julgamento incorreto, falta de responsabilidade, caos.

Sentido geral: franqueza, reinício, surpresa.

Sentido espiritual: sabedoria da magia.

Símbolo: a lemniscata como símbolo da perfeição, o destino.

Arquétipo: o mago.

Objetivo: busca, estar no caminho.

II – A SACERDOTISA - ESTUDO

Posição normal: estudo, sabedoria, intuição, fé, mulher, amor platônico, discrição, autocontrole.
Posição invertida: passividade, preguiça, ignorância, egoísmo, introversão, mentalidade totalmente fechada, preconceito, histeria.
Sentido geral: paciência, sensibilidade, compreensão, mediunidade, disposição para ajudar (carta de proteção).
Sentido espiritual: sabedoria maternal, consciência lunar.
Símbolo: a faixa amarela significa a aceitação do destino.
Arquétipo: a virgem.
Objetivo: tornar-se uma unidade.

III — A IMPERATRIZ - FERTILIDADE

Posição normal: inteligência, compreensão, influência benéfica, gravidez, receptividade.

Posição invertida: indecisão, falta de clareza, frivolidade, esterilidade, incapacidade de criar coisas concretas.

Sentido geral: crescimento, nascimento do novo, gravidez, ritmos e forças da natureza.

Sentido espiritual: percepção da multiplicidade.

Símbolo: a águia dourada representa a força espiritual.

Arquétipo: a mãe.

Objetivo: preservar a vida.

IV — O IMPERADOR — ESTABILIDADE

Posição normal: força, proteção, solução
de problemas materiais.

Posição invertida: tirania, arrogância, inaptidão, problemas
legais ou profissionais, erro de julgamento.

Sentido geral: estabilidade, ordem,
inteligência prática, disciplina.

Sentido espiritual: estruturação.

Símbolo: a águia dourada no chão
representa a consciência da realidade.

Arquétipo: o pai.

Objetivo: garantir a segurança e a ordem.

V — O SUMO SACERDOTE — INSPIRAÇÃO

Posição normal: piedade, clemência, religião, família, inspiração, tradição.

Posição invertida: rancor, intolerância, falta de confiança em si mesmo e nos outros, atos vulgares e instintivos.

Sentido geral: percepção intuitiva, certeza, virtude, bons conselhos (carta de proteção).

Sentido espiritual: encontrar a verdade subjetiva.

Símbolo: o bastão na mão esquerda significa que ele rege com o coração.

Arquétipo: o santo.

Objetivo: confiança no Eu mais elevado.

VI — OS AMANTES — ESCOLHA

Posição normal: teste, tentação, escolha importante, casamento, pacto.

Posição invertida: indecisão, infidelidade, promessas rompidas, teste falho.

Sentido geral: livre-arbítrio, aceitação incondicional, fidelidade e grande amor.

Sentido espiritual: descobrir o valor da autolimitação voluntária.

Símbolo: o homem aparece em sua grandeza natural, portanto é autoconsciente.

Arquétipo: o caminho da separação.

Objetivo: união dos opostos.

VII – O CARRO – VITÓRIA

Posição normal: sucesso, grandes ambições, liderança, desenvolvimento material ou espiritual.

Posição invertida: inaptidão, derrota, erro de julgamento, perda súbita de um resultado tido como certo, mau gerenciamento.

Sentido geral: coragem, confiança pessoal, espírito de aventura.

Sentido espiritual: ampliar os horizontes.

Símbolo: 4 colunas e um auriga formam 5, a quintessência.

Arquétipo: a partida do herói.

Objetivo: a arrecadação do tesouro.

VIII — A JUSTIÇA — EQUILÍBRIO[*]

Posição normal: lei, eqüidade, harmonia, azar, respeito pela hierarquia, respeito pelas normas.

Posição invertida: preconceitos, subversão, rudeza, problemas devidos a comportamento injusto.

Sentido geral: equilíbrio, honestidade, decisão ajuizada.

Sentido espiritual: experimentar a responsabilidade pessoal.

Símbolo: a balança, símbolo do equilíbrio.

Arquétipo: o juiz.

Objetivo: julgamento equilibrado.

---

[*] Nos outros tarôs A Justiça é a carta XI.

IX — O EREMITA — PRUDÊNCIA

Posição normal: prudência, silêncio, austeridade, busca espiritual, cura.

Posição invertida: misantropia, autocomiseração, teimosia, demora, inimigos ocultos.

Sentido geral: introversão, autodescoberta, ascese, seriedade.

Sentido espiritual: conscientização da própria vontade.

Símbolo: a luz como indicadora do caminho.

Arquétipo: o velho sábio.

Objetivo: ser autêntico, trilhar o próprio caminho.

X — A RODA DA FORTUNA — ALTERNAÇÃO

Posição normal: sucesso imerecido, vantagens fortuitas, ocasiões propícias, ciclos naturais, meses do ano.

Posição invertida: fatalismo, resignação, medo do desenvolvimento.

Sentido geral: mudanças inesperadas, experiências determinadas pelo destino, novo ciclo de vida, fases de sorte.

Sentido espiritual: encontros com certos aspectos da personalidade.

Símbolo: a roda da vida como símbolo do giro do céu.

Arquétipo: fortuna.

Objetivo: transformação do inferior no mais elevado.

XI — A FORÇA — ENERGIA

Posição normal: coragem, trabalho, autocontrole, defesa de causas justas, força moral.

Posição invertida: crueldade, tirania, reações impulsivas, inimigo forte e perigoso.

Sentido geral: coragem, vitalidade, paixão.

Sentido espiritual: equilibrar espírito e instinto.

Símbolo: o leão associado à sabedoria e à natureza animalesca dos homens.

Arquétipo: a luta contra o dragão.

Objetivo: aceitação e transformação das forças inferiores.

XII – O ENFORCADO – SACRIFÍCIO

Posição normal: altruísmo, busca interior, idealismo, desapego material, iluminação.

Posição invertida: futilidade, incapacidade de agir, doença, constrangimento, castigo, arrependimento, sacrifício.

Sentido geral: crise, estar preso, estagnação, ficar doente, fazer penitência.

Sentido espiritual: iniciação.

Símbolo: a cruz terrena sobre o triângulo divino.

Arquétipo: a vítima.

Objetivo: reflexão, mudança de vida.

XIII - A MORTE — O FIM

Posição normal: mudança súbita, transformação radical, o fim, má sorte, morte iniciática.

Posição invertida: estagnação, rejeição à mudança, decomposição, espiritualidade, doença grave ou morte física.

Sentido geral: o fim natural, uma despedida, perdas.

Sentido espiritual: tarefa do antigo si-mesmo.

Símbolo: o esqueleto que mostra a necessidade de dissolver a identificação com o corpo.

Arquétipo: a morte.

Objetivo: ir para casa, criar lugar para o novo.

XIV — A TEMPERANÇA — TRANSFORMAÇÃO

Posição normal: moderação, adaptação, mudança agradável.

Posição invertida: incapacidade de adaptação,
tensões interiores, doença, cansaço.

Sentido geral: medida correta, paz, saúde, descontração.

Sentido espiritual: conhecer a harmonia primordial.

Símbolo: uma flor com cinco pétalas no lugar do 3º olho.

Arquétipo: harmonia.

Objetivo: paz, estar saudável.

XV – O DIABO – INSTINTOS

Posição normal: atração sexual, encantamento, egoísmo, charme.

Posição invertida: ansiedade, atos imorais, perversão, luxúria, magia negra.

Sentido geral: a tentação, a sedução, o vício, a traição, a possessão.

Sentido espiritual: prova de fogo para as nossas crenças.

Símbolo: o elmo dourado de Wotan, símbolo da nova vida.

Arquétipo: o diabo.

Objetivo: poder, criação de dependência.

XVI – A TORRE – EXÍLIO

Posição normal: colapso das convicções, abalo no equilíbrio, queda, castigo merecido, orgulho castigado, exílio.

Posição invertida: perda das defesas, adversidade, catástrofe, caos, desorganização, fracasso.

Sentido geral: acidentes, esperança fracassada, abalo, transformação.

Sentido espiritual: rompimento de conceitos rígidos.

Símbolo: a pena como símbolo da pureza e da verdade.

Arquétipo: tremor de terra, destruição.

Objetivo: despertar para a liberdade.

XVII — A ESTRELA - ESPERANÇA

Posição normal: bom presságio, previsão favorável, pureza de espírito, benefício.

Posição invertida: momento desfavorável, fatalismo, mau presságio, temperamento instável.

Sentido geral: futuro, confiança, sorte (carta de proteção).

Sentido espiritual: compreensão, sabedoria.

Símbolo: o passarinho, união entre o céu e a Terra.

Arquétipo: esperança, a água da vida.

Objetivo: confiar na organização cósmica.

XVIII — A LUA — SONHOS

Posição normal: visões, alucinações, viagem por água, buscas difíceis, encontros estranhos, atração pelo desconhecido, o oculto.

Posição invertida: perigo, relacionamentos problemáticos, doenças relacionadas com líquidos, temperamento lunático, viroses.

Sentido geral: insegurança, confusão, medo, anseios, sonhos.

Sentido espiritual: Descida ao inferno.

Símbolo: os cães, como guardiães do inferno.

Arquétipo: a noite, as forças das trevas.

Objetivo: percepção profunda e autoconhecimento.

XIX - O SOL — HARMONIA

Posição normal: amizade, solidariedade, amor sincero, generosidade, período positivo, clareza, solução de problemas.

Posição invertida: vaidade, hipocrisia, irritabilidade, mal-entendidos, dificuldades, sucesso retardado.

Sentido geral: aceitação da vida, calor humano, frescor, autoconfiança.

Sentido espiritual: redescoberta da simplicidade.

Símbolo: o Sol como fonte de toda a vida.

Arquétipo: o dia, as forças da luz.

Objetivo: libertação do que temos de escuro dentro de nós.

XX - O JULGAMENTO — RENOVAÇÃO

Posição normal: mudança de posição, nascimento, despertar, iniciação, exame de consciência, cura, fama, julgamento superior.

Posição invertida: remorso, frustrações, reprovação, exacerbação de uma doença, sedução.

Sentido geral: reanimação, vitória do bem, o verdadeiro.

Sentido espiritual: conhecer a natureza divina.

Símbolo: arcanjo Gabriel.

Arquétipo: o beijo salvador, a solução.

Objetivo: libertação.

XXI – O MUNDO – RECOMPENSA

Posição normal: sucesso, plenitude, evolução,
ciclo cósmico, um momento propício.

Posição invertida: imperfeição, obstáculos insuperáveis,
retrocessos, hostilidade, caos, desobediência.

Sentido geral: alcançar a meta, atingir
o auge, harmonia, viagens.

Sentido espiritual: contradições interiores.

Símbolo: a figura andrógina representa a união dos opostos.

Arquétipo: o reencontro do Paraíso.

Objetivo: recomposição da unidade primordial.

0 – O LOUCO – ESTRANHEZA

Posição normal: excentricidade, ações incompreensíveis, despreocupação, criatividade.

Posição invertida: fuga da realidade, loucura, tolice, estupidez, escravo dos sentidos.

Sentido geral: um novo começo.

Sentido espiritual: a sabedoria do louco.

Símbolo: a bolsa com o ovo do mundo.

Arquétipo: a criança.

Objetivo: busca.

7. Como interpretar os Arcanos Menores

Os Arcanos Menores se dividem em quatro séries: **Bastões, Espadas, Moedas e Taças.**

Cada uma das séries se divide em quatro cartas emblemáticas, ou da corte. Além disso, há as cartas numéricas que vão do Ás (o 1) até o 10.

Interpretar essas cartas é bastante difícil e dá margem a muitas interpretações que causam confusão porque esses arcanos são muito ricos e contraditórios. No entanto, podemos ater-nos à relação deles com os elementos.

Para fins divinatórios:

Taças: relacionadas com o elemento **Água** = atividade psíquica, emocional, espiritual ou sentimental.

Moedas: relacionadas com o elemento **Terra** = atividade econômica, material do mundo físico.

Bastões: relacionadas com o elemento **Fogo** = atividade física, corporal, criativa.

Espadas: relacionadas com o elemento **Ar** = atividade intelectual, psicológica, abstrata.

Taças
Ás = abundância, satisfação, felicidade, fertilidade.

2 = paixão, idílio, afinidade, acordo.

3 = nascimento, equilíbrio, cura, início de um relacionamento.

4 = crescimento, harmonia, novos conhecimentos.

5 = medo, retorno à família, isolamento do mundo exterior.

6 = lembranças, volta ao passado, sonhos, fantasias eróticas.

7 = imaginação, criatividade, busca da utopia.

8 = maturidade, modéstia, amadurecimento.

9 = virtude, afeição, consistência sentimental.

10 = reconhecimento, alegria, descanso, união feliz.

Pajem = mensageiro do amor, idealismo, colaborador jovem.

Cavaleiro = amigo, amante apaixonado infiel, amor à primeira vista.

Rainha = amada, esposa ou amiga sincera, sensibilidade.

Rei = intelectual, artista, escritor, patrão, pessoa madura.

Moedas
Ás = aquisição, lucro, vitória, aumento de riqueza.

2 = instabilidade, contrato a ser definido, oscilação.

3 = publicidade, exibição do talento profissional.

4 = realização, expansão comercial, investimentos.

5 = economias, patrimônio a ser protegido.

6 = falta de escrúpulos, ingratidão.

7 = caridade, otimismo, dever civil.

8 = autonomia, aprendizado, aceitação dos limites.

9 = investimento, novos projetos, gestão dos recursos.

10 = riqueza, herança, doação, descoberta de tesouros.

Pajem = estudante, idéias novas brilhantes, busca de um guia.

Cavaleiro = arrogância, autoritarismo, autoconfiança.

Rainha = casamento de conveniência, desejo de segurança.

Rei = negociante, homem rico, investimento.

Bastões

Ás = invenção, descoberta, força masculina, iniciativa.

2 = união, equilíbrio, colaboração, aliança.

3 = acúmulo de reservas, distribuição de energia.

4 = alianças, sociedade, descanso merecido, vida rural.

5 = fadiga, grande esforço, espírito excessivo de proteção.

6 = obstáculos, risco de perda, problemas a extirpar pela raiz.

7 = sucesso, negociações, resultados iniciais.

8 = projetos, programas, planejamento, compras.

9 = experiência, clarividência, realismo.

10 = comprometimento, trabalho de equipe, competição.

Pajem = notícias inesperadas, amigo sincero, mensageiro.

Cavaleiro = viajante, parente distante, exílio.

Rainha = amiga, necessidade de entender, confiança.

Rei = empreendedor, pai de família, sabedoria.

Espadas

Ás = conquista, espírito de luta, dinamismo.

2 = duelo, forças opostas, julgamento, teste de força.

3 = análise, capacidade de síntese, trabalho intelectual.

4 = desconfiança, começo de batalha pessoal.

5 = derrota, castigo, remorso, amargura, culpa.

6 = prisão, cansaço, separação, atraso.

7 = segredos, busca da verdade, subterfúgio.

8 = autodefesa, harmonia interior.

9 = autocontrole, repressão de emoções, paciência.

10 = aflição, instabilidade psíquica, dor oculta.

Pajem = pesquisador, revelações, busca da verdade.

Cavaleiro = dependente, temperamento fogoso, hostilidade.

Rainha = melancolia, sabedoria, remorso, esterilidade.

Rei = graduado, advogado, especialista, decisões planejadas.

Se você estudar e ficar atento ao Tarô, poderá obter resposta para as questões mais importantes da sua vida ou, ao menos, conselhos práticos para orientar o seu caminho.

Ao manusear as 78 cartas deste Tarô regularmente, você logo se tornará um perito em desvendar o futuro e, se usar também a intuição, poderá contornar com êxito as dificuldades e os imprevistos que a vida apresenta de vez em quando para todos nós. A vida é cheia de sofrimentos, traumas, dores e cada pessoa terá de descobrir como transformá-los em força vital.

O que realmente importa é ser feliz. Com o Tarô temos uma possibilidade de criar uma fórmula de felicidade, aceitando todos os nossos momentos como oportunidades especiais de aprendizado.

Como diz Hans Selye:

"O que importa não é o que acontece, mas sim o modo como você o recebe."